COMMERCE EXTÉRIEUR

PAR

ROCHAÏD

PARIS

IMPRIMERIE ET LIBRAIRIE CENTRALES DES CHEMINS DE FER

IMPRIMERIE CHAIX

SOCIÉTÉ ANONYME AU CAPITAL DE CINQ MILLIONS

Rue Bergère, 20

1890

COMMERCE EXTÉRIEUR

PAR

ROCHAÏD

PARIS

IMPRIMERIE ET LIBRAIRIE CENTRALES DES CHEMINS DE FER

IMPRIMERIE CHAIX

SOCIÉTÉ ANONYME AU CAPITAL DE CINQ MILLIONS

Rue Bergère, 20

1890

COMMERCE EXTÉRIEUR

ET

POLITIQUE ÉTRANGÈRE[1]

Le lecteur ne trouvera pas dans les lignes qui suivent un nouveau plaidoyer en faveur du libre-échange ou de la protection. Notre but est plus élevé : nous voulons étudier la question des échanges internationaux à un point de vue trop négligé jusqu'ici, et essayer de mettre davantage en lumière les liens qui unissent le commerce extérieur et la politique internationale. Persuadé que le rôle de la France sur l'échiquier européen est une chose qui mériterait, au besoin, certains sacrifices financiers, nous n'hésitons pas à renvoyer dos à dos libre-échangistes et protectionnistes; nous déclarons en même temps vouloir ignorer complètement les intérêts égoïstes du producteur et du consommateur et ne penser qu'à la grandeur de la patrie.

I

Les statistiques sommaires communiquées périodiquement par le ministère du commerce n'indiquent ni la provenance ni la destination des marchandises. On nous dit bien, pour 1889 par exemple, que notre importation se monte à 4,175,000,000, et notre exportation à 3,608,000,000, soit une perte de 567 millions; on va même jusqu'à diviser ces totaux en nature de produits : objets d'alimentation, objets

(1) Article paru dans la Revue Française, N° du 15 mars 1890.

fabriqués, etc., mais jamais on ne communique à la presse la part contributive de chaque état. Ainsi, pour savoir combien de pays nous achètent plus qu'ils ne nous vendent, il faut faire un travail dans d'énormes in-folio, toujours imprimés avec presque un an de retard. Par conséquent, nous ne pouvons encore étudier aujourd'hui que les chiffres de 1888. La balance de cette année s'établissait par 4,107,000,000 à l'importation et 3,246,000,000 à l'exportation, soit une perte de 861 millions. 1889 a donc été plus favorable de 294 millions, écart très considérable. Il est à présumer que ce progrès est dû, pour une part, aux barrières opposées à l'envahissement des produits italiens, et, pour l'autre, aux commandes faites en France par les innombrables visiteurs de l'Exposition.

Mais, revenons à 1888. La liste des pays qui nous ont plus acheté que vendu n'est pas longue à dresser ; elle se compose en tout et pour tout de trois états européens et de quatre américains :

	Achats	Ventes	Balances
Angleterre	864 millions	529 millions	335 millions
Suisse.	269 »	97 »	102 »
Belgique.	473 »	419 »	54 »
Colombie	41 »	11 »	30 »
Mexique.	28 »	6 »	22 »
États-Unis	256 »	248 »	8 »
Brésil	65 »	61 »	4 »

Voilà donc sept clients à l'égard desquels il sera aisé aux protectionnistes de consentir des réductions de droits, pourvu, bien entendu, qu'il y ait réciprocité. En effet, du moment que, malgré des taxes élevées, la balance se maintient en notre faveur, il est très probable qu'elle s'accroîtrait encore si, de part et d'autre, on abaissait un peu les barrières. Néanmoins, il ne faut pas prendre ces chiffres les yeux fermés ; les quatre plus fortes balances sont absolument trompeuses. Ainsi, en ce qui regarde l'Angleterre, toutes nos expéditions de l'autre côté de la Manche ne sont pas destinées à y trouver leur emploi ; une bonne partie, qu'il est difficile d'évaluer, ne fait qu'y toucher barre et repart pour les pays d'outremer après avoir fait un séjour dans les entrepôts. Ce sont des objets fabriqués, de grande valeur et de petit encombrement, qui ne peuvent suffire à former un chargement direct de France aux colonies anglaises ou autres. Au contraire, les céréales et les laines, qui nous viennent de l'autre bout du monde, sont un chargement lourd et encombrant qui a vite rempli un navire à destination du Havre ou de Marseille. Voilà pourquoi, d'un côté, l'Angleterre paraît nous acheter plus qu'elle ne le fait en réalité, et pourquoi, d'autre part, les pays lointains semblent ne nous rien acheter du tout.

Pour ce qui est de la Suisse et de la Belgique, les chiffres fournis sont évidemment abusifs. Il suffit de consulter la carte pour voir que tout notre trafic avec le nord et le sud-est de l'Europe est obligé de passer par ces petits pays. Cependant, dans l'impossibilité où nous sommes d'apprécier la valeur du commerce de transit, il sera plus sage d'estimer que nos importations et nos exportations à travers la Suisse et la Belgique se font contrepoids. Cela constituera quand même nos voisines comme nos meilleures clientes, quoique pour un chiffre moins élevé que le chiffre officiel. Donc, en ce qui les touche, pas d'inconvénient à des abaissements de droits, pourvu, comme on le conçoit aisément, qu'ils soient réciproques.

Enfin, quant à la Colombie, on comprend sans peine que l'importance de nos exportations dans ce pays en 1888 a été uniquement motivée par les envois de matériel auxquels procédait encore à cette époque une grande entreprise financière et industrielle, tombée depuis lors en cessation de paiement. Il est fort à craindre que les statistiques de 1889 n'accusent plus un chiffre de ventes de 41 millions à la Colombie. Mais il ne faudrait pas le regretter, car ces quelques millions ont été payés d'un prix trop cher.

II

Abordons maintenant l'autre page du compte, c'est-à-dire la liste des états qui nous vendent plus qu'ils ne nous achètent. Ici, encore, l'énumération sera facile ; il suffira de dire : le reste du globe ! Mais comme on sera curieux de connaître quelques chiffres, nous allons donner par rang d'importance le tableau des pays qui nous exploitent le plus, en négligeant ceux qui ne nous enlèvent chaque année que quelques dizaines de millions :

	Ventes		Achats		Balances	
Russie	248	millions	10	millions	238	millions
Espagne	378	»	172	»	206	»
Indes anglaises	188	»	12	»	176	»
Autriche-Hongrie . . .	114	»	19	»	95	»
Chine	80	»	3	»	77	»
Italie.	181	»	119	»	62	»
République Argentine.	189	»	134	»	55	»
Suède	58	»	7	»	51	»
Turquie	93	»	48	»	45	»
Indes hollandaises . . .	47	»	2	»	45	»
Roumanie	50	»	7	»	43	»
Haïti	46	»	7	»	39	»

La liste pourrait se prolonger ainsi pendant longtemps, énumérant tout ce qu'il y a sur le globe de pays puissants ou faibles, connus ou inconnus. C'est vraiment une chose désolante que l'état d'ignorance où nous sommes volontairement tenus des faits intéressant le plus gravement la richesse et la grandeur de la France ! Comment, voilà un tableau d'une utilité sans pareille, qui devrait figurer en bonne page dans le catéchisme politique de tous nos gouvernants ! On pensera peut-être qu'aucun effort n'est négligé pour qu'il reçoive la plus grande publicité possible ? Pas du tout, il n'a jamais été publié, et l'on peut être sûr qu'il n'y a pas une demi-douzaine de députés à le connaître.

Aussi qu'arrive-t-il ? Il arrive une chose toute naturelle, c'est que les gouvernements étrangers, voyant que nous sommes parfaitement décidés à ne jamais nous soucier de l'or qu'ils puisent chez nous à plaisir, en prennent largement à leur aise avec un pays aussi bon enfant et surtout aussi bon payeur. Au reste, de quel droit le leur reprocherions-nous ?

S'il est en Europe un souverain qui ne nous veuille pas de mal, c'est assurément l'empereur de Russie. S'il est un pays qui ait ses raisons pour ne pas risquer de perdre le marché français, c'est bien la Russie qui nous vend pour 24 fois *(vingt-quatre fois!)* plus de marchandises qu'elle ne nous en achète. Eh! bien, pas plus tard que l'année dernière, Alexandre III, oubliant les milliards que, peu de semaines auparavant, sa signature venait de trouver dans les tirelires françaises, n'a pas hésité un instant à proclamer, à la fin d'un banquet, que le prince de Monténégro était son seul ami en Europe. Tous nos journaux ont fait ressortir ce qu'une pareille boutade avait de peu aimable à notre égard, mais aucun publiciste n'a songé à rappeler respectueusement au tsar que, s'il lui convenait de ne pas nous considérer comme ses amis, il ne lui était pas loisible, en tout cas, de ne pas voir en nous ses meilleurs acheteurs. Une nation maîtresse de ses tarifs, ne craignant pas de s'imposer, dans un intérêt supérieur et permanent, un renchérissement momentané même des objets de première nécessité, aurait immédiatement répondu en doublant et triplant les droits sur les arrivages de la mer Noire. Voilà comment on se fait respecter. Mais nous!... L'empereur de Russie sait bien qu'il n'a pas à se gêner avec un pays dont il est la seule sauvegarde. Il ferme impitoyablement sa frontière à nos marchandises, et nous ne parvenons à en introduire dans son immense empire que pour la valeur ridicule de 10 millions, alors que nous importons, comme on l'a vu plus haut, pour une valeur de 248 millions de produits russes. Deux cent trente-huit millions nets, en or! Voilà un beau denier pour un pays de papier-monnaie, où, suivant certaines mauvaises langues, la planche aux assignats ne serait pas encore complètement brisée.

Après la Russie, c'est l'Espagne qui nous coûte le plus cher. Tous comptes faits, elle nous a pris 206 millions en 1888. C'est encore là une belle somme qui présente, de plus, ce très fâcheux côté que les avantages assurés à l'Espagne par le traité de commerce en cours ont été des plus préjudiciables à l'Algérie. Si les vins espagnols n'entraient pas, pour ainsi dire, en franchise (2 centimes par litre), la viticulture aurait fait dans notre grande colonie des progrès encore plus considérables. Ce traité n'est heureusement pas éternel; le marquis de la Vega de Armijo ferait bien de s'en souvenir. L'excellent homme ne vient-il pas d'avoir la bonté de déclarer que l'Espagne devait conserver sa complète indépendance vis-à-vis de tous les états, de manière à pouvoir prendre, en cas de conflagration européenne, le parti qui lui semblerait le plus avantageux? Évidemment, il a raison; mais, évidemment encore, la France aussi aurait raison de reprendre sans retard son indépendance économique, afin de ne pas continuer à payer 206 millions par an à une monarchie dont les ministres cachent si peu leurs intéressants projets.

Nous ne dirons qu'un mot de la balance commerciale avec les Indes anglaises. Elle absorbe plus de la moitié du bénéfice que semble nous donner la balance avec la Grande-Bretagne. Cela démontre combien, dans nos négociations avec celle-ci, il faut ajouter peu de valeur aux arguments que ses représentants tirent de l'importance des achats qu'elle nous fait. Les Anglais n'ont pas l'habitude de donner leur argent pour rien. Si le Royaume-Uni paraît, au premier abord, nous verser un solde de 335 millions, les Indes et les autres colonies se chargent de rétablir l'équilibre.

Il est grand temps que nous recouvrions notre liberté vis-à-vis de l'empire austro-hongrois. Non seulemeut ses hommes d'état emploient à notre égard, sans l'ombre de provocation, un langage qui n'a aucun rapport avec celui des cours, mais, ce qui est plus grave, il n'y a plus moyen de douter des progrès incessants de la fédération des deux empires germaniques. Ce n'est plus une alliance, c'est une fusion. Dans le but de se donner des chances dans sa rivalité contre la Russie pour la domination de la péninsule balkanique, l'Autriche-Hongrie n'éprouve pas le moindre scrupule à faire abstraction de tous égards à notre endroit et à lier partie avec nos ennemis. Du moment qu'elle y voit son intérêt, elle a parfaitement raison d'en faire à sa guise; mais elle nous permettra alors de penser, nous aussi, à nos intérêts, et de regretter les 95 millions que nous lui avons fournis en 1888, sans compter ceux de 1889 et des deux années à courir encore. Quand nous aurons recouvré la liberté de nos tarifs, M. Tisza s'empressera de venir visiter la tour Eiffel.

Se doutait-on que la Chine ne nous achetait que pour 3 millions de marchandises par an, mais que, par contre, elle nous en vendait pour 80 ? Rien de plus vrai, pourtant. Cette situation mérite qu'on l'étudie. Un tribut de 77 millions est une lourde charge, surtout quand on pense que la possession de l'Indo-Chine nous permettrait de trouver chez nous la majeure partie de ce que nous demandons aux Célestes. Il est d'ailleurs probable qu'un progrès dans ce sens ne tardera pas à se produire.

Pendant une bonne partie de l'année 1888, l'Italie a pu profiter des anciens tarifs conventionnels. Il est par conséquent impossible de savoir dans quelle proportion les nouveaux droits nous ont abrités contre ses produits agricoles. Mais ce qu'il importe de noter, c'est que, malgré les prédic·· tions des doctrinaires libre-échangistes (les théologiens du XIXe siècle), l'année 1889, succédant à une année où a commencé la réaction contre la libre importation, s'est trouvée être, au point de vue économique, la meilleure que nous ayons eue depuis longtemps. Ne craignons pas, par conséquent, de conserver, vis-à-vis de la péninsule, notre excellente situation actuelle ; ce sera une leçon profitable, non seulement pour elle, mais encore pour tous les pays que fait vivre notre or. Des plumes plus autorisées ont déjà fait remarquer l'extraordinaire naïveté avec laquelle les petits-fils de Machiavel ont voulu assurer la grandeur de leur patrie par des accords simultanés avec l'Allemagne, pour l'armée ; l'Angleterre, pour la marine, et la France, pour les finances ! Audacieux projet, que pouvait seule concevoir une nation aussi gâtée de la Fortune que l'a été l'Italie ! Et cependant, pour irréalisable qu'il paraisse, il serait bel et bien mené à bonne fin le jour où nous aurions commencé à entrer dans la voie des concessions sans compensation véritable. Donc, pas de précipitation ; attendons, et surtout mettons en pratique l'axiome cher à M. de Bismarck : *Do ut des*. C'est toute l'économie politique en trois mots.

Les 55 millions que la République Argentine nous a coûtés en 1888 fournissent une excellente occasion pour mettre le lecteur en garde contre une théorie intéressée qui a fait beaucoup trop de chemin ces dernières années. On sait les grands efforts que fait cette république sud-américaine pour attirer sur son sol les émigrants qui n'ont pas de préférence bien décidée pour un pays d'outre-mer ou un autre. Un des arguments le plus souvent invoqués par ses porte-voix est l'inappréciable débouché que les colons d'origine française créent aux produits français. En effet, le montant des exportations de France pour la Plata, 134 millions, est très considérable ; sauf l'Algérie, aucune de nos colonies ne peut en approcher. D'où cette thèse propagée sans relâche : « Les véritables colonies de la France sont non pas celles où flotte son drapeau, mais celles où l'on parle sa langue et où l'on achète ses produits. » Il n'y a qu'un malheur à tout cela, c'est qu'il ne sert de rien de vendre pour 134 millions de produits, si on en achète pour 189.

De la Suède, nous ne voyons rien de bien particulier à dire, sinon que, le chiffre de ses ventes étant huit fois plus fort que celui de ses achats, il est à présumer qu'elle ne pourrait guère faire la sourde oreille à des observations un peu sérieuses de notre part. Voici vraiment trop longtemps qu'elle s'est habituée à fermer, à l'aide de droits absolument prohibitifs, ses ports à nos marchandises et à nous voir, en échange, laisser ses bois entrer chez nous en franchise pure et simple. La politique économique de presque tous les états d'Europe, dans leurs rapports avec la France, est bien simple : on repousse ses produits fabriqués et on lui écoule tant qu'on peut de matières plus ou moins premières. D'ailleurs, plus il en entre et plus nos économistes officiels sont comblés de joie. Or, notre pays est à peu près le seul au monde qui soit en état de se passer du secours d'autrui ; nos colonies suffisent à compléter ce que la métropole ne peut pas fournir. Que faudrait-il donc pour que nous cessions d'être le commode débouché de tous ces gens qui reçoivent notre or et ne veulent pas nous en rendre une parcelle ? Simplement une diminution des charges qui pèsent sur la production nationale, ou bien, si la situation budgétaire ne le permettait pas, l'abolition momentanée de la franchise absolue dont jouit une quantité de matières premières nécessaires, il est vrai, à l'industrie, mais que nous produisons nous-mêmes en, en frappant maladroitement la production par 6 milliards d'impositions diverses au profit de l'état, des départements et des communes. La Suède se dit que nous ne pourrons jamais taxer ses bois et que, par suite, elle ne court aucun risque de représailles en prohibant nos marchandises. Ne serait-ce pas rendre un véritable service, à elle d'abord mais à nous surtout, que de la détromper ?

Les importateurs de raisins secs ont mis à profit l'échéance du traité franco-turc pour nous apitoyer sur les dangers courus par notre exportation en Turquie. « La France est très combattue en Orient ; son ancienne situation prépondérante est perdue. Ne faisons pas le jeu de nos ennemis en provoquant des représailles de la part des Turcs. Il faut à tout prix ménager la conservation d'un marché qui nous achète pour 48 millions de marchandises. » Voilà les bons conseils qui nous ont été généreusement distribués ces derniers temps. On se doutera que le silence le plus complet était fait sur le montant des importations turques en France. Cela se conçoit aisément : tout homme qui, dans la vie privée, vous engagerait à débourser 93 francs pour assurer une vente de 48 francs, courrait grand risque de faire peu de prosélytes. S'agit-il, au contraire, de grands états au lieu de simples commerçants, et de millions au lieu de sommes misérables, le point de vue change complètement : les docteurs ès sciences économiques récoltent gloire et profit à propager, à l'usage des peuples, des théories qui conduiraient un boutiquier droit à la faillite.

III

On nous demandera peut-être pourquoi nous n'avons pas encore parlé de l'Allemagne et rien dit de la situation privilégiée que lui assure le traité de Francfort. Mon Dieu ! c'est pour une raison bien simple, à savoir que, parmi les pays dont la France est tributaire, l'Allemagne occupe seulement le seizième ou le dix-septième rang, en compagnie de l'Australie, et pour 25 millions de francs. Elle nous coûte moins cher que le Japon (32 millions) et que la Norvège (28 millions). Il est vrai que, si l'écart est petit, l'ensemble des transactions est très considérable. Nous avons acheté, en 1888, pour 333 millions de marchandises allemandes et vendu à nos vainqueurs pour 308 millions de nos produits.

Ici encore, il y aurait lieu d'opérer sur chacun des deux chiffres une certaine réduction, beaucoup des wagons passant par Avricourt étant en provenance ou en destination de la Bohême ou de la Pologne. Mais cela ne changerait rien à l'écart, et la modicité de celui-ci nous montre que l'article 11 du traité de Francfort n'a pas eu les conséquences désastreuses que l'on croit. Absolument identique pour les deux parties contractantes, il a permis aux Allemands, comme il permettrait à nous-mêmes, de ne se lier avec personne et de donner à leur industrie et à leur commerce une impulsion merveilleuse. Si, comme tout porte à le croire, nous imitons, en 1892, leur exemple et ne nous engageons avec personne, il ne nous causera, à partir de ce moment, pas plus de préjudice qu'il ne leur en a porté à eux-mêmes jusqu'à présent. Bien mieux, il pourra, à l'occasion, nous rendre un service inappréciable.

Nous parlions plus haut de l'état de dépendance, de plus en plus marqué, dans lequel l'Autriche-Hongrie se trouve entraînée vis-à-vis de l'Allemagne. Si, par malheur, une union douanière se concluait entre ces deux empires, c'en serait fait de leur indépendance réciproque; les États-Unis d'Europe se trouveraient immédiatement constitués; non pas les États-Unis tels que nous les rêvons, unissant dans un but commun de civilisation et de bien-être un ensemble d'états pacifiques, et faisant de l'Europe une vaste Suisse; mais bien des États-Unis à la prussienne, sous le commandement d'un Hohenzollern et concentrant 85 millions de Germano-Hongrois dans la garde de l'Alsace-Lorraine. Grâces au ciel! cette union douanière est impossible tant que durera l'article 11 si décrié. N'en disons plus de mal, et attendons qu'on nous en demande la revision. Nous examinerons alors la valeur du prix qu'on nous offrira en échange.

On a vu, au début de ce travail, que l'année 1889 nous avait coûté 567 millions; l'année 1888 : 861 millions. La perte de 1886 se montait à environ un milliard; celle de 1883 à 1,453 millions ! De pareils chiffres donnent le vertige. Quel pays au monde est à ce point une bénédiction pour le restant du globe? Une chose ressort manifestement de tout cela, c'est que, à part l'Angleterre, la Belgique et la Suisse, la France fait vivre le reste de l'Europe ; et même, en ce qui concerne l'Angleterre, il y aurait des réserves à faire puisque nous lui payons chaque année un lourd tribut pour le fret maritime. C'est là un article que l'on ne voit pas figurer sur les tableaux du commerce extérieur et qui pourtant a une énorme importance.

Dès que nous avons eu, non pas arrêté, mais simplement ralenti nos achats en Italie, on a pu voir quelles en ont été les conséquences pour le jeune néophyte de la Triple-Alliance. Déjà il est question d'augmenter l'impôt sur la rente ; tôt ou tard, il faudra bien recourir à cette mesure extrême. Ce qui arrive à l'Italie arriverait, si nous le voulions, à une demi-douzaine d'autres états gallophobes. Ah ! la bonne vache à lait que la France ! Quelle besoin a-t-elle, en vérité, d'aller verser tous les ans, 206 millions nets, en bon et bel or, à M. le marquis de la Vega de Armijo ; 95 millions à M. Tisza ; 62 millions à M. Crispi ; 46 millions au Grand-Turc qui revendique comme ses sujets non seulement les Tunisiens voyageant en Turquie, mais même, *bone Deus*, les Algériens! 43 millions aux Hohenzollern de Roumanie? Arrêtons l'énumération ; le monde entier y passerait. Il faut espérer qu'un jour viendra où nos gouvernants finiront par se rendre compte du point auquel ceux qui le prennent de si haut avec notre diplomatie ont besoin de nos subsides. Est-ce que le crédit de la Russie, celui de l'Espagne se seraient améliorés comme ils l'ont fait depuis deux ans sans nos achats en céréales et en vins ? Quel gré les gouvernements étrangers nous savent de l'ouverture de nos frontières à leurs produits invendables ailleurs, c'est ce qu'on a vu pendant l'Exposition.

N'ayons donc pas peur de reprendre notre liberté ; ceux qui ont contracté l'agréable habitude de vivre sur nos achats irréfléchis, tout en prohibant rigoureusement les produits français, songeront peut-être alors à mériter, par plus de modération dans leurs tarifs douaniers, la continuation de notre clientèle. En deux mots, nous sommes les maîtres de la situation : Nous tenons les cordons de la bourse. Ne les desserrons qu'à bon escient !

LES

TABLEAUX DU COMMERCE EXTÉRIEUR [1]

RÉPONSE

à sir Michaël HICKS-BEACH

MESSIEURS,

Jamais, depuis 1860, les questions économiques n'ont joui de tant de faveur. La date, désormais prochaine, du 1er février 1892, leur assure, de la part du public, un intérêt qu'elles ne connaissaient plus. Ce serait pour la France un grand bonheur si des préoccupations de cette nature pouvaient prendre de plus en plus de place dans l'esprit de ceux qui mènent nos destinées, et diminuer d'autant ces stériles disputes politiques où l'on a toujours vu se complaire les nations sur leur déclin. Chez les peuples anglo-saxons, les intérêts matériels priment tous les autres. En Allemagne, nous venons de voir un gouvernement aux allures féodales déployer une connaissance étonnante des questions commerciales. et porter les exportations allemandes de 3,120,000,000 de francs en 1872 à 3,919,000,000, en 1887, tandis que les nôtres baissaient, pendant ces quinze ans, de 3,761,000,000 à 3,319,000,000.

(1) Lecture faite à la Société de Géographie Commerciale de Paris, le 14 mai 1890.

D'un côté, un progrès de 799 millions chez un peuple gouverné par une oligarchie militaire ; de l'autre, un recul de 442 millions chez une nation convaincue que, après avoir renversé successivement trois dynasties, elle a enfin acquis les aptitudes nécessaires pour la connaissance et la défense de ses intérêts économiques. Le parallèle donne à réfléchir. Et, d'une autre part, ce qui se passe aux Etats-Unis provoque chez nous l'admiration et même un peu d'envie, fort justifiée d'ailleurs. Sans aucun respect pour les doctrines de Bastiat et les théories abstraites qui ont cours en France, les Américains se sont cuirassés contre les importations étrangères ; et ce système, présenté par l'école de Manchester comme devant conduire à la ruine, les a, au contraire, enrichis au delà de toute prévision. A l'heure actuelle, leur ministre des finances ne sait que faire des centaines de millions qu'il a en caisse.

Le résultat de ces comparaisons est que bien des gens, en France, trouvent qu'il est temps d'aviser. Après avoir obéi pendant trente ans aux aphorismes des doctrinaires, on se voit obligé de reconnaître le démenti qui leur est infligé par les faits. Le doute fait des prosélytes, et les coûteuses leçons de ces dix dernières années commencent enfin à porter leurs fruits. Que pèse un dogme scientifique ou pseudo tel en regard de la prospérité, hérétique si on veut, mais assurément incontestable, de l'Allemagne et de l'Amérique ? Cobden et Bright ont pu leurrer pendant un temps le Français élevé dans le culte exclusif des belles-lettres et des langues latine et grecque ; mais pour la séduction du Brandebourgeois et du Yankee, le terrain paraît moins bien préparé.

En ce moment, la bonne volonté du public est évidente ; chacun veut se rendre compte des phénomènes auxquels nous assistons. Seulement, la bonne volonté ne suffit pas ; il faut encore que la nation soit exactement renseignée et que les pièces du procès entre les deux écoles adverses ne lui soient pas soumises sans les notes et explications indispensables. Malheureusement, c'est ce qui a constamment eu lieu jusqu'à présent. Toutes les discussions sur la balance du commerce et sur les mérites respectifs du libre-échange et de la protection ont toujours eu pour base les tableaux du commerce extérieur que publient les différents gouvernements. Or, si on prend au pied de la lettre les renseignements fournis par ces tableaux, on est sûr d'être induit en erreur, deux marchandises de la plus grande valeur n'étant pas inscrites et ne pouvant d'ailleurs pas l'être, l'une en raison de sa nature même et l'autre en raison des circonstances dans lesquelles s'en fait la consommation. Un fait récent me fournit une excellente occasion d'exposer ma pensée.

Le 26 mars dernier, à la réunion annuelle des chambres de commerce anglaises, sir Michaël Hicks-Beach, président du « Board of trade », a démontré, aux applaudissements de ses auditeurs, que l'Angleterre aurait tout à gagner à l'adoption par la France d'une politique protectionniste. Prenant les chiffres du commerce extérieur, il a rappelé que le marché anglais avait reçu, en 1888, 26 0/0 des exportations totales de la France et qu'il n'avait fourni que 13 0/0 de nos importations. Donc, concluait-il triomphalement, si la France s'avisait d'élever ses tarifs, l'Angleterre serait en droit d'élever aussi les siens ; elle se libérerait par là de la balance considérable qu'elle paie aux exportateurs français. L'orateur a bien voulu ajouter qu'il espérait que la France serait assez *sensée* (textuel) pour conserver le libre-échange.

Ni d'un côté de la Manche, ni de l'autre, personne n'a rien répondu à cette harangue officielle. Peu importe d'ailleurs l'effet qu'elle produira chez nos voisins ; mais, chez nous, des affirmations solennelles, tombant de si haut, sont de nature à faire le plus grand mal. Notre richesse provient bien plus de nos habitudes d'économie que de notre génie commercial et de notre connaissance des conditions réelles dans lesquelles s'effectuent les échanges des divers peuples. Il semble donc nécessaire de réfuter le plus tôt possible les allégations intéressées du ministre du commerce britannique.

I

Il est parfaitement vrai que nous vendons à l'Angleterre beaucoup plus que nous ne lui achetons. En 1888, nos

envois se sont élevés à 864 millions de francs et les importations d'Angleterre en France n'ont atteint que 529 millions,
laissant un écart de 335 millions à notre profit. Mais ce
que le président du « Board of trade » a oublié de dire, c'est
qu'il s'agit seulement, dans ces chiffres, des marchandises
sujettes aux évaluations de la douane, de celles que l'on peut
peser, cuber ou compter et par conséquent taxer. L'objectif
principal de l'administration des douanes est de percevoir
des droits ; le soin de dresser des statistiques l'occupe natu-
rellement beaucoup moins. Est-ce qu'elle enregistre dans le
commerce spécial le charbon consommé par notre marine
marchande ? Evidemment non ; c'est là une marchandise
utilisée en mer ; aucune douane au monde ne songe à frapper
ce qui n'entre pas dans l'intérieur des frontières. Mais il
n'en demeure pas moins que chaque tour d'hélice, chaque
tour de roues sur un vapeur portant le pavillon français a
lieu moyennant que la chaudière de ce navire ait été chauffée
à l'aide de houille anglaise payée en argent français. En
chicanant sur les mots, on pourra soutenir qu'il n'y a pas
là, à la rigueur, une importation proprement dite ; mais force
sera bien d'admettre qu'il y a une sortie de numéraire français au profit de la Grande-Bretagne, ce qui revient absolument au même.

Nos transatlantiques de la ligne de New-York brûlent une
moyenne de 190 tonnes de charbon par jour ; le prix moyen
au Havre en est de 25 francs. Peut-être notre douane l'ignore-
t-elle : peut-être même, ce qui serait plus surprenant, le
ministre du commerce britannique l'ignore-t-il aussi ; c'est
pourtant un fait indéniable que ces beaux transatlantiques,
de la construction et de la conduite desquels nous avons si
justement lieu d'être fiers, ne peuvent pas promener notre
pavillon sur l'océan sans payer une redevance de 3 fr. 30
par minute aux mines de charbon du pays de Galles.

Il y a plus fort encore ; la même redevance est acquittée
par le petit cabotage, c'est-à-dire par les navires français
allant de Dunkerque à Bordeaux, de Marseille à Alger, etc...
On se tromperait grandement en pensant que la navigation
côtière est seulement une opération de commerce intérieur,

un voyage de port français à port français ; c'est en même temps, notons-le bien, une opération de commerce extérieur, puisque le voyage ne peut s'effectuer sans achat de charbon étranger. Le touriste qui fait la promenade de Rouen au Havre, du Havre à Trouville, de Saint-Malo à Dinan, de Bordeaux à Royan et toutes ces belles excursions de notre littoral ne se doute guère que, en achetant son billet, il apporte une obole aux mines de charbon d'Angleterre, et cela sans que les tableaux du commerce extérieur en tiennent compte.

Il en est de même de notre flotte de guerre. C'est Cardiff qui fournit tout son combustible. Il n'y a pas de cela un mois : une escadre magnifique conduisait en Corse le président Carnot ; tous les Français lisaient avec une joie patriotique les détails si consolants qui étaient donnés sur la qualité des bâtiments et sur celle du personnel. En même temps, l'Italie, qui avait sans doute ses raisons, envoyait plusieurs puissants cuirassés saluer le chef de notre nation. Je vous surprendrai peut-être, Messieurs ; mais je suis certain de ne pas me hasarder beaucoup en prétendant que cet acte si français de la visite des Français du continent aux Français de la Méditerranée a rapporté au moins cent mille francs à l'Angleterre. Les deux escadres portaient des pavillons différents, mais elles se réunissaient dans la prestation d'une commune redevance au pays de M. Hicks-Beach. Ni en France, ni en Italie le Cardiff brûlé entre Toulon et Ajaccio n'a payé de droits et ne figurera, par conséquent, dans les résultats du commerce spécial.

Ainsi donc, Messieurs, nous sommes tous, en notre qualité de contribuables, des facteurs involontaires de la fortune de l'Angleterre.

Est-ce à dire qu'il faille proscrire le charbon étranger ou même seulement l'imposer légèrement quand il est consommé sur des vapeurs français ? En aucune façon, et nous le voudrions que nous ne le pourrions pas ; mais tout ceci prouve à quel point les tableaux du commerce extérieur sont incomplets et comment des centaines de millions peuvent être payés en or français, pour une marchandise importée, sans que l'administration des douanes en prévienne les économistes de cabinet. La richesse des Iles Britanniques s'accroît, non pas de jour en jour, mais d'heure en heure; jamais on ne me fera croire que c'est parce qu'elles importent plus qu'elles n'exportent; pour continuer à défendre une pareille thèse, il ne suffit pas d'être aveugle, il faut encore être aveugle volontaire.

Les Allemands ont le socialisme de la chaire; nous, nous possédons l'économie politique de la chaire. On ne saura jamais le mal fait au pays par nombre de professeurs qui, dans nos écoles de droit, enseignent aux frais des contribuables, des doctrines fort belles en théorie, mais entachées d'un seul et unique défaut, celui de reposer sur des statistiques incomplètes et par conséquent fausses.

II

La question du charbon dont se servent nos flottes de guerre et de commerce n'est dans l'ensemble qu'une bagatelle. Il est une autre importation qui passe tout aussi inaperçue (et peut-être même plus), et dont pourtant le montant est incalculable : je veux parler du fret maritime, autrement dit du salaire payé pour les transports par mer. On va voir comme cet élément, s'il avait sa place sur les tableaux du commerce extérieur, bouleverserait toutes les notions courantes.

Le blé d'Amérique vaut, dans nos ports de la Manche, 19 fr. 50 le quintal métrique, avant l'acquit des droits; le fret, à travers l'Atlantique, coûte environ 25 francs la tonne, ou 2 fr. 50 le quintal. Presque toujours le blé est apporté par des vapeurs anglais. Par conséquent, notre douane, en marquant à l'entrée de chaque quintal de blé une importation de 19 fr. 50 au profit des États-Unis, commet une erreur monstrueuse et trompe tous les lecteurs de ses statistiques, sauf, bien entendu, ceux de nationalité anglaise, sir M. Hicks Beach en tête. N'est-il pas évident que dans ce cas nous avons importé une valeur de seulement 17 francs en marchandise américaine, puis une deuxième valeur de 2 fr. 50 en marchandise anglaise, laquelle marchandise est connue sous le nom de fret? Ce fret d'Amérique en France, des mers du Nord en France, des Indes en France, du monde entier en France et inversement, est, certes, une marchandise au premier chef, dont nous achetons chaque année des centaines de millions et que ni les statistiques anglaises, ni les nôtres ne marquent. Dans le Royaume-Uni, cette omission n'a pas d'inconvénient, toute la richesse et toute la puissance du pays résidant dans sa marine marchande; chacun y sait qu'elle est plus prospère que jamais. Mais, chez nous, où les transports maritimes sont une des moins importantes des industries nationales, on a peu de motifs pour ne pas s'en rapporter aux économistes de profession et pour consulter autre chose que les tableaux officiels du commerce extérieur.

Il est, parait-il, un homme en Angleterre qui partage notre ignorance, c'est le ministre du commerce. Apprenons-lui, puisqu'il le faut, que la presque totalité des échanges de la France avec son pays se fait sous pavillon anglais, et que ce pavillon a une part plus considérable que la part du nôtre dans notre trafic avec le reste du globe. En 1887, il est entré dans nos ports, d'après *la France économique* d'Alfred de Foville, des navires anglais chargés, pour une capacité de 5,400,000 tonnes; les navires français n'en ont apporté que 4,700,000.

Quelle somme fantastique représente le loyer de cette flotte? C'est ce qu'il est impossible de calculer; mais une chose est certaine, c'est que les 335 millions composant la balance officielle du commerce franco-anglais ne peuvent y être comparés. Ainsi donc, la conclusion tirée des tableaux du commerce extérieur, soit par nos économistes, soit par de hauts fonctionnaires britanniques, est diamétralement contraire à la vérité. C'est nous qui, tous comptes faits, payons un solde à l'Angleterre; c'est l'Angleterre, et non pas la France, qui a intérêt à la conservation du régime actuel.

Notre pays n'est pas le seul tributaire de la marine marchande anglaise; nos rivaux ont eu l'habileté de disséminer leurs navires sur toutes les mers et de prélever partout une redevance sur les transactions commerciales de tous les peuples. Leurs armateurs, les familles de leurs marins et leurs constructeurs maritimes vivent sur l'or produit par les échanges des nations étrangères entre elles. Quand un navire anglais transporte des alcools de Hambourg à Bilbao ou du pétrole d'Amérique à Anvers, les Iles Britanniques touchent pour cette transaction entre l'Allemagne et l'Espagne, entre l'Amérique et la Belgique une commission qu'aucune statistique n'a les moyens de noter. Ou les mots n'ont pas de sens ou c'est là bel et bien une exportation pure et simple. Eh ! bien, les Anglais exportent chaque année des milliards de louage de transport. Les statistiques du *Bureau Veritas* leur attribuent pour 1888, une part de 61 0/0 dans l'ensemble du tonnage à vapeur sur toutes les mers du globe ; pour 1889, la part a dû être encore plus grande.

Voici donc un premier point d'établi : à l'occasion des échanges effectués entre les nations étrangères, l'Angleterre encaisse chaque année un nombre indéterminable de centaines de millions, et arrive ainsi à atténuer considérablement les résultats défavorables de la balance du commerce. La France est une de ces nations étrangères qui emploient pour leurs rapports avec les autres pays du globe la marine marchande britannique, et les statistiques officielles constatent que nous donnons plus d'ouvrage à cette marine qu'à la nôtre. M. Hicks Beach n'en savait rien, son ignorance est extrême. Achevons donc l'instruction technique du ministre du commerce anglais, puisque l'occasion s'en présente

On commet une grande erreur, Messieurs, lorsque l'on confond les marchandises échangées par la voie de terre entre deux nations limitrophes et celles qui sont transportées par la voie de mer à des distances variables. Quand une tonne de charbon belge est importée en France, elle ne vaut pas en entrant sur notre territoire un centime de plus qu'elle ne valait du côté belge de la frontière, sauf, bien entendu, le droit de douane. Aussi les calculs des douanes belge, allemande, suisse, italienne et espagnole, correspondent-ils aux calculs de la douane française pour l'évaluation des marchandises traversant la frontière dans l'un ou l'autre sens. La distance entre les deux bordures limitrophes est nulle ; à Erquelines, à Avricourt, à

Delle, à Modane, à Hendaye, la frontière est factice, élevée par la main des hommes et franchie en une seconde.

En est-il de même entre pays séparés par la mer ? Certainement pas. Continuons à prendre comme exemple une marchandise courante, le charbon, Si la douane anglaise compte à 17 francs la valeur de l'exportation d'une tonne embarquée à Cardiff, la douane française sera dans la nécessité d'estimer cette même tonne à 24 francs lorsqu'elle arrivera à quai au Havre ; à 29 francs, à Marseille ou à Alger. La douane roumaine marquera 32 francs pour une livraison sur le Danube. A Massaouah, le prix s'élèvera à 38 francs ; à Java, il sera de 43 fr. 50 ; à Yokohama, de fr. 54,75 ; à Monte-Video, de 58 francs. Si c'est un navire étranger qui effectue le transport, les Anglais sont dans la vérité en ne portant que 17 fr. de vente ; mais si c'est un navire anglais, la situation change complètement. Tout le monde admettra que, dans ce cas, la marchandise produite et charroyée par la même nation, rapporte à cette nation non pas le prix marqué au port d'embarquement, mais bien le prix atteint au port de débarquement ; l'acheteur étranger a payé à l'Angleterre et le coût et le fret.

Il nous reste a rechercher dans quelle proportion les marines étrangères concourent à desservir les ports du Royaume-Uni. Eh ! bien, M. de Foville nous dira dans son excellente « France économique » qu'en 1886, sur 54 millions de tonneaux, entrés et sortis, toutes les marines du monde coalisées n'ont fourni que 14 millions de tonneaux, soit 26 0/0 de l'ensemble. Donc, l'Angleterre se charge elle-même de la livraison à destination des trois quarts de son exportation et conserve pour elle-même le salaire de ce service.

Quelle est maintenant la valeur de ce charroi, autrement dit de combien la douane anglaise est-elle en retard quand elle évalue les exportations à leur valeur en Angleterre, avant l'embarquement ? Ici, Messieurs, il nous faut malheureusement renoncer à l'espoir de trouver aucun élément positif d'appréciation ; nous sommes contraints d'entrer dans le domaine de l'arbitraire et des estimations par à peu près, les documents faisant défaut. Nous venons déjà de voir le prix d'une tonne

de charbon recevoir une augmentation variant, suivant l'éloi-
gnement, entre un tiers de sa valeur primitive et deux et
trois fois cette valeur. Je crois que, en prenant une moyenne
d'une demi-valeur, nous ne nous tromperons pas beaucoup
et resterons au-dessous de la vérité. L'Angleterre n'exporte
pas d'objets de luxe ; tous ses produits sont ou bruts ou
bon marché ; par conséquent, le prix du transport, malgré
sa modicité actuelle, augmente considérablement la faible
valeur primitive des objets expédiés. En 1888, elle a répandu
dans le monde pour 5,843,000,000 de ses produits ; on
peut donc dire que, parvenues à leur destination, ces marchandises valaient 50 0/0 de plus, soit un total de
8,764,000,000 de francs ; puis, comme trois fois sur quatre
ce sont des navires anglais qui ont effectué le transport, le
pays transporteur devra être considéré comme ayant béné-
ficié des trois quarts de la plus-value acquise. Donc, aux
5,843,000,000 reconnus à l'embarquement en Angleterre,
il faut ajouter 2,191,000,000 de fret ; l'exportation se trouve
atteindre, de la sorte, un total de 8,034,000,000 au lieu
des 5.843,000,000 déclarés. Quand même, ce qui n'est guère
probable, j'aurais exagéré en estimant à 50 0/0 la valeur
moyenne du fret à additionner avec la valeur originelle des
exportations britanniques, il n'en demeurerait pas moins
qu'une rectification colossale est à faire aux chiffres fournis
par l'administration à la tête de laquelle est M. Hicks-Beach.

La même cause produit les mêmes effets au chapitre des
importations ; seulement, ici, au lieu d'augmenter le chiffre,
la rectification le diminue. Quand nos voisins nous disent
qu'ils ont importé en 1888 pour 9,664,000,000 de francs,
nous n'avons aucun motif de ne pas les croire. Mais nous
acquérons alors le droit de répondre à ces grands charretiers
de la mer que ces 9 milliards et demi sont la valeur acquise
au débarquement en Angleterre, et nullement le montant des
sommes payées à l'étranger dans les ports d'expédition.
Trois fois sur quatre, le transport a été opéré par un navire
anglais, et le prix de ce service payé en Angleterre. Dimi-
nuée des trois quarts de la valeur approximative du charroi,
la valeur des importations ne s'élève plus qu'à 7,125,000,000

de francs, au lieu des 9,564,000,000 du « Board of Trade. »
Voici donc comment se pose la question. La douane anglaise
déclare 9,664,000,000 à l'importation et 5,843,000,000 à
l'exportation. Je me permets de répondre : vos chiffres sont
incomplets. C'est vous-mêmes qui avez livré à domicile les
trois quarts de vos ventes ; c'est vous-mêmes qui avez rapporté
de chez vos vendeurs les trois quarts de vos achats. Dans
le premier cas, vous avez majoré des trois huitièmes la somme
qui vous était due et vous l'avez élevée de 5,438 millions
à 8,034,000,000 ; dans le deuxième, vous avez réalisé une
économie proportionnelle et abaissé le chiffre de vos déboursés
de 9,664,000,000 à 7,125,000,000. Au lieu de payer une
balance de 3,821,000,000, comme le disent vos statistiques,
vous en avez touché une de 900 millions, ce qui n'est pas
du tout la même chose. Personne n'a le droit de vous
reprocher votre habileté à gagner de l'argent ; mais ce qui
me révolte, c'est de vous voir porter partout la bonne parole
du libre-échange en donnant comme preuve de ses mérites
la prospérité que vous a value l'excédent apparent de vos
importations sur vos exportations. Quand vous vendez, quand
vous achetez, vous réalisez, en plus du bénéfice sur la transaction elle-même, un deuxième bénéfice sur le transport, et
de celui-ci vous oubliez toujours de parler. Prenez notre
argent, puisque nos économistes patentés nous condamnent
à vous le donner jusqu'en 1892; mais cessez de nous dire
que vous faites œuvre méritoire en nous le prenant pour
notre plus grand bien.

Ce n'est pas ici le lieu, Messieurs, d'énumérer tous les
avantages que leur magnifique flotte commerciale rapporte
aux compatriotes de M. Hicks-Beach. Nous avons déjà vu
qu'elle leur permet de se faire payer un tribut par les pays
étrangers pour le commerce de ces pays entre eux. Nous
venons de voir à l'instant qu'elle leur permet en outre de
renverser la balance du commerce en diminuant le prix des
achats et en augmentant celui des ventes. Je me demande
si, malgré leur importance, ces avantages peuvent être comparés à celui que la Grande-Bretagne a retiré de la poudre
jetée aux yeux des économistes français. Remarquez que

j'ai bien soin d'ajouter « français », car vous chercheriez vainement une autre grande nation où la fortune publique servît de champ d'expérience aux théories de Bastiat, des Say et de Gladstone. Depuis trente ans, nous sommes sous le charme de leurs audacieux aphorismes; l'exemple de l'Angleterre qui nous est apporté tous les jours comme preuve, dissipe nos inquétudes et nous rassure au sujet de la disproportion constante entre nos exportations et nos importations. Ne pensez-vous pas qu'il soit temps de vérifier un peu la valeur de cet exemple et des conséquences qu'on en veut tirer?

Après tout ce qui vient d'être dit sur le rôle de la marine marchande comme facteur de la richesse, vous reconnaîtrez certainement, Messieurs, que, si la thèse des économistes peut soutenir la discussion, une chose au moins ne peut être niée par eux, c'est que l'exemple de l'Angleterre porte à faux. Je veux bien croire, avec les savants, que moins une nation vend, plus elle s'enrichit; c'est une théorie, et les théories me sont complètement indifférentes. Mais ce que je n'admettrai jamais, et je viens d'en dire les raisons, c'est que les Anglais achètent plus qu'ils ne vendent. Ils le disent et nos économistes le répètent, mais ce n'est pas un motif suffisant pour s'incliner. La vérité, c'est qu'ils sont les plus grands exportateurs du monde, exportateurs d'autant plus dangereux que la marchandise exportée est occulte.

En fait d'importations, celle à laquelle ils sont le plus habitués, c'est l'importation des chèques envoyés après chaque voyage par le capitaine à son armateur. Celle-là ne discontinue jamais, la douane ne l'arrête pas au passage et elle produit tous les ans un chiffre fabuleux de milliards.

III

Mais revenons à sir M. Hicks-Beach. Avec une simplicité et une candeur qui désarment, il a terminé son discours par les considérations suivantes :

« Notre commerce d'exportation avec la France se compose en grande partie de matières premières, de charbon, — l'instrument nécessaire de la production, — de produits partiellement manufacturés, tels que les filés et les produits chimiques dont la France a besoin pour ses manufactures. Les manufacturiers français, si protectionnistes qu'ils soient, ne seront certainement pas assez malavisés pour mettre des droits élevés sur des importations de ce genre. »

En bon français, cela veut dire : Nous exportons des matières premières dont la France a absolument besoin ; nous importons des produits fabriqués que nos classes riches peuvent payer cher ou dont même elles sont en situation de parfaitement se passer. Donc, nous ne courons aucun risque de représailles.

Dans la crainte que ces énonciations si hardiment affirmatives ne soient acceptées, de ce côté-ci de la Manche, comme argent comptant, il est urgent de déclarer qu'elles ne contiennent qu'une partie de la vérité. Si les circonstances l'exigeaient, nous serions facilement à même, qu'on le sache bien, de nous inspirer des exemples qu'on nous donne et de répondre à certains procédés par d'autres procédés du même ordre.

On sait que, depuis longtemps et par consentement mutuel toujours révocable, les deux pays s'accordent réciproquement le traitement de la nation la plus favorisée. Jamais l'Angleterre ne frappe de droits spéciaux les produits français ; ses taxes ont toujours une portée générale. Quand, par exemple, elle met des surtaxes sur les vins en bouteilles, c'est sur ceux du monde entier. Malheureusement, il se trouve que, par un fâcheux hasard, les gros vins d'Italie, d'Espagne et de Portugal viennent toujours en barrique ; les seuls vins fins de Bordeaux et de Bourgogne sont expédiés en bouteille. Mais c'est là une particularité qui ne peut être reprochée à l'Angleterre ; il faut être bien mal appris pour suspecter ses bonnes intentions.

De nouveaux droits supplémentaires chargent-ils soudainement les vins mousseux ? Nous aurions évidemment mauvaise grâce à nous plaindre, puisque ces droits s'appliquent à tous les vins mousseux indistinctement, depuis ceux de la Laponie jusqu'à ceux du Maroc. Bien certainement, si la Champagne fournit quelques vins appréciés, le législateur anglais n'y a point songé sur le moment; c'est avec une véritable surprise qu'il s'aperçoit ensuite que seuls des produits français se trouvent frappés par des droits dirigés contre les vins mousseux de toute origine.

En vérité, ce qui est admirable, c'est, non pas l'audace avec laquelle une pareille politique est pratiquée, mais bien la douce résignation avec laquelle notre gouvernement charge son ambassadeur de faire de timides représentations au gouvernement britannique et d'essayer d'obtenir, par la persuasion et des négociations affectueuses, des atténuations quelconques. A quel point il y réussit, chacun le sait! Et, pourtant, il serait si facile d'imposer à l'Angleterre la libre entrée de tous nos produits! Il suffirait de consulter autre chose que les tableaux du commerce extérieur et de regarder ce qui se passe dans nos ports. Nous verrions les navires anglais apporter au Havre le blé et le pétrole d'Amérique; à Rouen les vins d'Espagne; à Honfleur les bois de la Baltique. Si, de temps en temps, nous expédions quelques rares produits français au delà des mers, c'est toujours avec le concours d'un bateau de la même nationalité. Partout, sur toutes nos côtes, l'Angleterre s'immisce dans nos rapports avec nos colonies et l'étranger, et prélève, sur chacune de nos transactions, un courtage fructueux. Pourquoi lui abandonner gratuitement ce privilège? Quel principe économico-scientifique nous contraint à tant de longanimité? Pourquoi, puisque nous avons résolu de protéger notre marine marchande, faire consister cette protection en subventions monnayées, extraites des poches de nos contribuables, ce qui n'est pas sans présenter un certain aspect haïssable? Comme il serait plus simple et surtout plus avantageux, à tous les points de vue, de rétablir la surtaxe sur le tiers-pavillon! Donnons en France la libre entrée au pavillon norwégien pour les importations de Norwège; au pavillon espagnol pour les importations d'Espagne; au pavillon russe pour les importations de Russie, et ainsi de suite pour toutes les nations, même pour l'Angleterre quand il s'agira de ses charbons ou de ses autres marchandises! Mais, pour Dieu! qu'est-ce qui nous oblige à laisser cette nation encombrante intervenir dans la lutte entre notre marine et les marines des autres pays? Faisons comme on nous fait et défendons-nous par des mesures à caractère général. Quand l'importation des blés et du pétrole d'Amérique sera interdite aux pavillons autres que les pavillons américain ou français, celle des bois de Suède, aux pavillons autres que les pavillons suédois et français; en un mot, quand dans nos rapports avec chaque état nous n'admettrons, comme avant les traités de commerce, que le pavillon de cet état ou le nôtre, notre marine reprendra son importance de jadis; presque partout, sauf sur la Manche, elle aura la supériorité pour le trafic avec la France, et nos exportations. doublées ou triplées en importance, partiront de nos ports sous le couvert du pavillon français. Aux réclamations de l'Angleterre, nous pourrons répondre que la surtaxe frappe tous les tiers-pavillons à l'égal du sien, celui du Portugal comme celui de la Bulgarie et du Honduras. Ce jour-là, soyons-en certains, le marché anglais nous sera grand ouvert; toutes les taquineries dont souffre notre commerce en Angleterre disparaîtront comme par enchantement; nos bestiaux de Normandie et de Bretagne ne seront plus prohibés comme ils le sont purement et simplement depuis plusieurs années sous le prétexte d'une maladie dont personne en France ne s'est jamais aperçu; nos commis-voyageurs ne seront plus imposés à l'income-tax; les succursales de nos maisons de commerce ne seront plus taxées pour les bénéfices réalisés en France; nos pêcheurs n'auront plus à se défendre à Terre-Neuve contre des chicanes insoutenables, et peut-être même que les rôles des deux ambassadeurs seraient intervertis. Voici assez de temps que nous implorons vainement des adoucissements au régime qui nous frappe; pourquoi, à leur tour, les Anglais ne feraient-ils pas connaissance avec les rigueurs du tarif de douane et des mesures sanitaires? Pour obtenir un traité de commerce, ils n'ont pas hésité à envoyer leur reine faire visite, quoi qu'il lui en coutât, à Napoléon III, un souverain parvenu, et la malheureuse princesse dut, malgré ses répugnances, se promener à travers Paris dans la voiture d'un Bonaparte. Pour s'assurer le traitement de la nation la plus favorisée, ils ont gaillardement envoyé leur prince de Galles déjeuner avec Gambetta. Aujourd'hui que les résultats sont obtenus, Victoria affecte de contourner notre capitale sans y mettre les pieds quand le hasard de ses villégiatures l'amène à passer du réseau de l'Ouest sur celui du P.-L.-M., et ses ministres déploient dans leurs rapports avec notre diplomatie une indépendance de procédés absolument britannique.

Pour préciser, je pose hardiment la question. Que deviendrait la marine marchande anglaise si le service de nos approvisionnements dans les cinq parties du monde lui était retiré? Une seule réponse est possible : ce serait un coup terrible, une catastrophe. Au bout de huit jours de ce régime, de telles offres nous seraient faites que nous trouverions avantage à revenir au système actuel et à renoncer à la surtaxe sur le tiers-pavillon. Plutôt que de laisser ruiner leur marine de commerce, nos voisins aboliraient tous les tarifs hypocrites dont ils nous frappent, évacueraient l'Égypte et enverraient leur reine dîner à l'Élysée tous les soirs. A défaut de Gambetta, c'est M. Méline qui aurait l'honneur de partager les déjeuners du prince de Galles : qui d'entre nous s'en plaindrait?

Rassurons donc M. Hicks-Beach, la France sera assez *sensée* (puisque c'est le mot employé), pour ne frapper ni les charbons, ni les filés, ni les produits chimiques dont elle a besoin. Puisse-t-elle même en consommer à l'avenir encore plus que par le passé! Il n'est pas vrai qu'elle soit désarmée contre les caprices fiscaux ou politiques de John Bull. Contrairement à l'opinion reçue et que des rivaux très pratiques, peut-être même trop pratiques, ont tout fait pour propager, c'est la France qui, en fin de compte, paie chaque année un solde à l'Angleterre. Ce solde est tellement considérable, ses bénéficiaires sont tellement habitués à le toucher, qu'une interruption dans la régularité de notre clientèle produirait dans la population maritime et commerciale des Iles-Britanniques une crise dont rien ne peut donner idée. Nous ne serons donc pas embarrassés, si la nécessité s'en présente, pour trouver une corde sensible. En dehors des marchandises figurant sur les tableaux du commerce extérieur, nous rencontrerons le fret maritime. Le jour où nous nous déciderons à riposter, si, comme je l'espère, sir Michaël Hicks-Beach est encore ministre du commerce, il n'aura pas beaucoup d'efforts à faire pour amener ses collègues à consentir à tous les sacrifices plutôt que de laisser compromettre la prospérité de la marine marchande anglaise. Nous aurons obtenu alors ce résultat universellement désiré dans notre pays, à savoir que le libre-échange devienne enfin une réalité et qu'il justifie le nom qu'il a jusqu'à présent si peu mérité. Quand il sera un échange effectif de part et d'autre, un égal-échange, et non plus, comme maintenant, une libre importation sans possibilité de contre-partie, tout le monde deviendra libre-échangiste.

PARIS. — IMPRIMERIE CHAIX, RUE BERGÈRE, 20. — 11526-5-90.

82